AF522891

WAS ICH ÜBER ALLAH WISSEN WILL

EINE EINLADUNG ZUM FRAGENSTELLEN

PLURAL Publications GmbH
Colonia-Allee 3 | D-51067 Köln
T +49 221 942240-260 | F +49 221 942240-201
www.pluralverlag.eu | info@pluralverlag.eu

2. Auflage, Köln, März 2026

Titel der türkischen Originalausgabe
Daha da Küçükler İçin Allah'ı Merak Ediyorum
© Uğurböceği Yayınları

Autor
Özkan Öze

Übersetzung
Sebahat Özcan

Illustrationen
Sevgi İçigen

Druck | Satz
PLURAL Publications GmbH

ISBN: 978-3-949982-13-2

PLURAL
Köln 2026

INHALT

Warum kann ich Allah nicht sehen?

Meryem wollte es unbedingt wissen. Wie sieht Allah aus?

„Ich möchte Allah sehen!“, rief sie.

„Aber Meryem…“, begann ihr Papa.

„Ich weiß, ich weiß, dass ich ihn nicht sehen kann. Aber ich will ihn halt sehen.“

„Das verstehe ich“, antwortete ihr Papa.

Meryems Vater wollte Allah nämlich auch sehen.

Allah hat so farbenfrohe Blumen erschaffen.

So saftig, leckere Früchte, nährende und köstliche Milch und Eier, niedliche Katzen, tiefe Meere, gewaltige Berge, eine prächtige Sonne, einen anmutigen Mond, unzählige glitzernde Sterne hat Allah erschaffen. Natürlich wollten beide ihn sehen.

„Alles kann ich sehen! Warum kann ich Allah nicht sehen?“, beschwerte sich Meryem.

„Bist du dir sicher, dass du alles sehen kannst?“, fragte ihr Vater.

„Klar!“, rief Meryem, ohne lange zu überlegen. „Ich schaue mich um und sehe eben alles.“

Lächelnd drückte er ihr einen sanften Kuss auf die Wange.

„Okay. Dann sag mir mal, ob du meine Liebe zu dir sehen kannst.“

Aha! Also, das war mal eine interessante Frage!

Wenn Papa Erdbeereis kaufte, konnte Meryem das Eis sehen.

„Mein Papa liebt mich so sehr, dass er mir mein Lieblingseis kauft!“, dachte sie sich.

Aber Liebe und Eis sind zwei verschiedene Dinge. Liebe kann man nicht sehen. Nicht einmal, wenn es ganz viel davon gibt.

„Ich weiß, dass du mich liebst, aber Liebe kann ich nicht sehen!“, stellte Meryem fest.

„Was können wir denn noch alles nicht sehen?“, fragte ihr Papa und antwortete selbst: „Die Erdanziehungskraft zum Beispiel.“

„Erdanziehungskraft?“

Meryem wusste nicht, was das sein sollte.

„Die Welt hat einen Kern. Und dieser Kern zieht alles an sich, was auf ihr ist. Das nennt man Erdanziehungskraft. Gäbe es diese Kraft nicht, würden die Meere, Fische, Tiere und alle Gegenstände wie etwa Bücher oder Spielzeuge in den Himmel fliegen und nicht mehr zurückkehren."

Meryem schaute überrascht. Wirklich verblüffend diese Erdanziehungskraft.

Gut, dass Allah etwas wie die Erdanziehungskraft erschaffen hat!

„Aber wir können diese Erdanziehungs-Dings nicht sehen, stimmt's, Papa?"

„Es gibt Dinge, von denen wir wissen, dass es sie gibt. Auch wenn wir sie mit unseren Augen nicht sehen können."

„Können wir Allah deshalb nicht sehen?", fragte Meryem. „Ist er unsichtbar?"

„Joa, mit unseren Augen können wir Allah nicht sehen."

„Es wäre so schön, ihn zu sehen!"

„Warum möchtest du Allah eigentlich sehen?"

„Einfach, weil ich neugierig bin, wie er so ist."

„Dafür musst du ihn ja nicht sehen. Wenn du dich genau umsiehst, kannst du viel über Allah herausfinden."

Das verstand Meryem nicht. Wie sollte sie Allah kennenlernen und herausfinden, wie er ist, ohne ihn zu sehen?

„Wie jetzt?!", fragte sie. „Wie kann man ihn denn kennenlernen, ohne ihn zu sehen?"

„Wir können Allah nicht sehen. Aber wir können sehen, was er alles erschaffen hat. Wenn wir uns ansehen, was er erschaffen hat, lernen wir viel über ihn."

„Wie soll das gehen?", fragte Meryem weiter.

Sie konnte sich nicht viel darunter vorstellen.

Ihr Vater hatte ein fantastisches Beispiel dafür. Und zwar so richtig fantastisch.

„Wie hieß das Buch, das wir letztens zusammen gelesen haben?“

„Meinst du das über Insekten mit dem Titel ‚Diese sonderbaren Insekten‘?“

„Genau! Das Buch hat dir ziemlich gut gefallen, oder?“

„Ja, total!“

„Jemand hat dieses Buch ja geschrieben. Was meinst du wie dieser Jemand ist? Was ist das wohl für ein Mensch?“

„Ähm, jemand Lustiges auf jeden Fall. Und jemand, der ziemlich viel über Insekten weiß!“

„Was noch?“

„Er macht gute Witze. Bringt andere gerne zum Lachen. Auf jeden Fall mag er Tiere. Er hat keine Angst vor Tausendfüßlern. Doch, eigentlich schon, aber er tut so, als hätte er keine Angst.“

„Hast du den Autor jemals gesehen?“

„Nö.“

„Und woher weißt du so viel über ihn?“

„Aus den Büchern, die er geschrieben hat.“

„Das heißt, dass du viel über einen Autor wissen kannst, ohne ihn jemals gesehen zu haben.“

„Ja!“

Meryem verstand, worauf ihr Vater hinaus wollte. Wahrscheinlich würde er es jetzt auf den Punkt bringen.

„Du wolltest ja etwas über Allah wissen und ihn besser kennenlernen, stimmt's?"

„Auf jeden Fall!", antwortete Meryem.

„Wir können Allah nicht sehen, möchten ihn aber gerne kennenlernen. Was tun wir also? Wir gucken uns die Dinge an, die er erschaffen hat", sagte ihr Vater. „Auf diese Weise lernen wir enorm viel darüber, wie Allah ist."

Ja, aber ja! Meryem wollte Allah sehen, weil sie wissen wollte, wie er so ist.

„Dann lass uns die Dinge anschauen, die er erschaffen hat."

Das gefiel Meryem. Aber wo sollte sie anfangen?

Es ist ziemlich praktisch, einen Papa wie den ihren zu haben. Er weiß echt viel. Also konnte er ihr bestimmt auch sagen, wo sie anfangen sollte.

„Denk mal an die ganzen Sterne", schlug er vor. „Wir können Allah nicht sehen, aber die Sterne, die er erschaffen hat, schon."

Meryem schloss ihre Augen und stellte sich den Sternenhimmel vor. Wenn sich die Nacht wie eine Decke über uns legt, erscheinen zahlreiche kleine Perlen am Himmel, die diese dunkle Decke schmücken.

Wie eine Stadt, die all ihre Lichter angeschaltet hat. Im gesamten Universum gibt es mehr Sterne als Sandkörner am Meer.

Und all diese Sterne hängen einfach so in der Luft, ohne dass sie mit einem Faden miteinander verbunden sind. Auch hängen sie nicht an einer Stange und es gibt auch sonst nichts, was sie irgendwie festhält.

Für uns sehen sie aus, als würden sie sich nicht bewegen, also einfach stillstehen, aber jeder Stern fliegt auf einer bestimmten Bahn, die Allah festgelegt hat.

So drehen und wandern sie ständig, ohne sich zu verirren oder aufeinanderzuprallen.

Allah können wir nicht sehen, aber die Sterne, die er erschaffen hat, schon.

Allah, der die Sterne in der Luft schwebend erschaffen hat, sie ihre Bahn fliegen lässt, ohne dass sie aufeinanderprallen, ist auf jeden Fall groß und mächtig.

Auf jeden Fall ist Allah sehr groß. Und er hat die Kraft, alles zu tun. Es hatte gutgetan, über die Sterne nachzudenken. „Allah kann ich nicht sehen, aber die Dinge, die er erschaffen hat, schon", sagte Meryem noch einmal.

Allein schon in den Himmel zu schauen und die Sterne zu beobachten, lehrte sie etwas über Allah.

Wäre es Nacht, könnte sie sich auf dem Balkon den Sternenhimmel ansehen. Dann könnte sie sich den Mond ansehen. Den hat Allah als Lampe an den Himmel gehängt, damit Kinder keine Angst in der Dunkelheit haben.

Aber es war noch Tag.

Und bis zur Nacht war es noch lange hin.

Die Sonne strahlte am Himmel. Die Sonne, die unsere Erde wie eine Heizung wärmt und wie eine Lampe erhellt.

„Dann lass uns auch kurz über die Blumen sprechen!“, unterbrach ihr Vater Meryems Gedanken.

Tolle Idee!

Meryem liebte die Sterne. Genauso, wie sie auch Blumen liebte.

Eigentlich mochte sie Blumen sogar etwas mehr.

Und warum denn das?

Na, weil man sie riechen und anfassen kann!

Strahlende Kamillenblüten, lilafarbene Veilchen, rote Rosen, Tulpen, wohlduftende Hyazinthen und Mohnblumen…

Während Meryem an alle Blumen dachte, die sie kannte, wurde ihr klar, wie viele Blumen Allah eigentlich erschaffen hat.

„Allah weiß, wie man Blumen verschiedenster Sorten erschaffen kann!“, stellte sie fest.

„Und was ist mit den Farben?“, fragte ihr Papa. „Ist es nicht wundervoll, dass Blumen so farbenfroh und bunt sind?“

„Allah färbt die Blumen in allen möglichen Farben!“, sagte sie. „Niemand kann mit Farben so umgehen wie Allah. Denn er ist es, der die Farben überhaupt erschaffen hat.“

„Überleg mal, Meryem, wie viel du allein schon durch Blumen über Allah herausgefunden hast. Wir können Allah zwar nicht sehen, aber wir wissen, dass er es ist, der die Blumen erschafft. Blumen kannst du sehen. Es ist spannend, an die Dinge zu denken, die Allah erschafft. Und spannend ist es auch, auf diese Weise Allah besser kennenzulernen."

„Und was kommt als Nächstes?", fragte Meryem.

„Such dir was aus!", antwortete ihr Vater.

„Okay, dann lass uns mit Obst weitermachen!", rief sie.

So begannen sie, über Obst nachzudenken.

Da brachte Meryems Mutter einen großen Teller mit verschiedenen Obstsorten und legte ihn auf den Tisch. „Das wird euch beim Denken helfen", lachte sie.

Auf dem Teller waren große Kirschen, süß duftende Aprikosen und zwei große Stücke einer saftigen Wassermelone.

Meryem und ihr Vater unterbrachen ihre Unterhaltung kurz, um das Obst zu genießen.

Kurze Zeit später sagte Meryem:

„Wir können doch auch beim Essen weitermachen."

„Gut", stimmte ihr Vater zu. „Und was meinst du, warum Allah so süße Früchte erschaffen hat?"

Meryem biss in die saftige Wassermelone. „Er muss uns ganz schön gernhaben“, schmatzte sie mit vollem Mund.

Das war eine geniale Antwort.

Wie auch bei den Blumen erschuf Allah verschiedene Obstsorten. Und das, obwohl alle Bäume sich von denselben Dingen nähren: von matschigem Wasser, Sonne und Wind.

Allah versorgt die Bäume mit diesen drei Dingen, und an ihren Ästen wächst süßes Obst. Ist das nicht bewundernswert?!

Obst hat verschiedene Farben, verschiedene Düfte, und alles schmeckt unterschiedlich.

Meryem betrachtete das Obst und dachte an all die anderen Sorten. Da verstand sie, wie wichtig wir für Allah sein müssen. Sie verstand, dass Allah die Menschen wirklich lieben muss, um ihnen so etwas zu schenken.

Mama liebte Meryem zum Beispiel sehr. Und weil Mama sie so sehr liebte, kochte sie für sie immer wieder ihre Lieblingsgerichte. Und Allah erschuf für Menschen, die er so sehr liebte, verschiedene köstliche Obstsorten und ließ diese an Bäumen wachsen.

So, als würde Allah sagen: „Hier, esst davon!“.

Allah können wir nicht sehen. Aber wir können das Obst sehen, das er für uns erschaffen hat.

Allein schon an die verschiedenen Obstsorten zu denken, ließ Meryem verstehen, dass er uns liebt, dass er Essen erschafft, das wir mögen. Dass er die Kraft und Macht hat, aus Erde, Wasser und Luft verschiedene Obstsorten für uns hervorzubringen. Und es ist nur Allah, der Äpfel, Birnen, Kirschen und so weiter an Bäumen entstehen und wachsen lassen kann.

Während Meryem in die honigsüße Aprikose biss, schloss sie ihre Augen und dankte innerlich: „Danke Allah, für dieses leckere Obst!“

Den ganzen Tag hatten Meryem und ihr Vater damit verbracht, an die Dinge zu denken, die Allah erschaffen hat.

Zwitschernde Vögel, bunte Papageien, riesige Wale, lächelnde Delphine…

An Bäume, Himbeersträucher, große Weißkohlköpfe…

Maiskolben, Weizenähren, die an minikleine Brotlaibe erinnern…

Regentropfen, glänzende Schneeflocken…

An Berge, Erdbeerfelder, Täler, fließende Bäche, reißende Flüsse und tiefe Meere…

An Honigbienen, fleißige Ameisen und verzierte Schmetterlinge…

Rehe mit wunderschönen Augen, an ruhige Kühe und kleine Schafe…

Riesige Elefanten, gestreifte Zebras, schwere Nilpferde, anmutige Löwen und Tiger…

Meryem lernte an diesem Tag so viel über Allah.

Der Himmel und die Erde sind wie ein Buch, das man lesen kann. Sterne, Blumen, Obstsorten, auch Schmetterlinge und Weizenähren sind Buchstaben dieses Buches.

Meryem und ihr Vater lasen gerade dieses riesige Buch, hüpften durch die Zeilen dieses aufregenden Buches. Und je mehr sie lasen, desto mehr lernten sie über den Besitzer des Buches, also Allah. Obwohl sie ihn noch nie gesehen hatten.

Unsere Augen können ihn nicht sehen, aber alles, was er erschaffen hat, können wir sehen.

Und alles, was er erschaffen hat, ruft uns zu:

„Hey, psst… Sieh mich an. Ich erzähle dir alles, was du wissen möchtest, alles, wonach du suchst. Hör mir zu, was ich dir alles über Allah zu erzählen habe.“

Wo ist Allah?

Meryem hatte ein schönes Bild gemalt. Ein wirklich besonders schönes Bild. Vielleicht war das sogar das schönste Bild, das Meryem bisher gemalt hatte.

Natürlich dachte Meryem so. Möglich, dass jemand anderes ihr Bild gar nicht so besonders schön findet.

Es war aber keine Zeit, darüber nachzudenken, wie jemand anderes das Bild findet. Denn sie hatte ein viel größeres Problem.

Ihr so besonders schönes Bild war nämlich verschwunden!

„Ich suche schon so lange nach dem schönsten Bild, das ich jemals gemalt habe! Ich kann es einfach nicht finden!“ Meryem verzweifelte.

„Wo könnte es denn sein? Setz dich mal kurz hin und überleg in Ruhe, wo das Bild sein könnte“, schlug ihr Papa vor.

„Hmm …“

Das war eine gute Idee.

Ihr Bild musste ja irgendwo sein. Denn jede Sache ist ja an einem bestimmten Ort.

„Jede Sache ist an einem Ort“, sagte Meryem. „Mein Bild ist auch an irgendeinem Ort. Aber wo?“

Sie grübelte und grübelte, aber ihr fiel nicht ein, wo es sein könnte.

„Ich habe doch überall geguckt!“, sagte sie.

„Du hast zwar überall schon geguckt, aber an einem Ort hast du anscheinend noch nicht nachgesehen“, wandte ihr Vater ein.

„Wo?“, rief sie aufgeregt.

„Da, wo das Bild ist.“

Hahaha! Meryems Papa war manchmal urkomisch.

„Wenn ich wüsste, wo das ist, würde ich ja sofort nachsehen", sagte Meryem.

„Ich denke, du solltest nicht nach dem Bild, sondern nach dem Ort suchen, wo das Bild ist."

Was sollte das denn jetzt heißen?

„Wenn du den Ort findest, an dem das Bild ist, findest du auch dein Bild!"

„Ach, Mann", schnaufte Meryem.

Wahrscheinlich versuchte ihr Vater, sie durcheinanderzubringen.

„Papa!", sagte Meryem, „du hilfst mir gar nicht! Du bringst mich nur durcheinander."

„Aber du hast doch selbst gesagt, dass jede Sache an einem bestimmten Ort ist", sagte ihr Vater.

„Ja, aber …"

„Na also, wenn du den Ort findest, findest du dein Bild."

Und noch einmal: „Ach, Mann!“

Und dann noch einmal.

Meryem schaute unter ihr Bett, in ihren Kleiderschrank, durchsuchte den Papierhaufen auf ihrem Schreibtisch. Sie schaute in die Küche, und sogar im Kühlschrank sah sie jetzt nach.

Während sie ihn durchsuchte, warf sie sich ein paar von den frischen Erdbeeren in den Mund. Ihre Mama wollte daraus Marmelade machen. Ein paar Erdbeeren weniger würden bestimmt nichts ausmachen, dachte sie sich.

Doch genau dann hörte sie ihre Mutter:

„Wonach suchst du denn im Kühlschrank?“

Anscheinend war sie nicht derselben Meinung wie Meryem. Vielleicht würden ein paar Erdbeeren weniger doch was ausmachen.

„Ähm, ich… ich suche nach meinem Bild“, antwortete Meryem.

„Und hast du es gefunden?“, fragte ihre Mama weiter.

„Noch nicht, aber ich weiß jetzt, dass es nicht im Kühlschrank ist."

„Schau doch nochmal im Wohnzimmer nach."

„Im Wohnzimmer?"

Da hatte sie eigentlich mehrmals gesucht. Wäre das Bild im Wohnzimmer, hätte sie es längst gefunden.

Trotzdem trottete sie nochmal ins Wohnzimmer. Vielleicht war es ja eine gute Idee, noch mal nachzusehen.

„Jede Sache ist an einem Ort", sagte Meryem. „Auch mein Bild ist an einem Ort."

Was ist das denn?!

Meryem stockte.

Kann das wahr sein?

„Oh wow! Jemand hat mein Bild eingerahmt und an die Wand gehängt!
Jetzt bin ich eine Künstlerin!"

Mama und Papa wollten Meryem überraschen. Deswegen hatten sie ihr schönstes Bild eingerahmt und an die Wand gehängt.

Deshalb konnte sie ihr Bild auch nicht finden.

Sie wäre nämlich nie darauf gekommen, dass es an der Wand hängen könnte.

Meryem sah sich ihr Bild an, als hätte sie es zum ersten Mal gesehen.

Es war wirklich alles am rechten Platz. Das Bild war in einem Rahmen, der Rahmen an der Wand, die Wand im Zimmer, das Zimmer in der Wohnung, die Wohnung im Haus, das Haus in der Straße, die Straße im Stadtteil, der Stadtteil in der Stadt…

Und die Stadt im Land, und das Land wiederum auf der Welt.

Die Fische sind im Meer, die Löwen in der Savanne und natürlich in einigen Zoos.

Die Bäume sind im Wald, die Vögel auf den Zweigen. Die Wolken am Himmel, die Sonne über uns, der Mond in unserer Nacht und die Sterne in der Ferne.

Die Ameisen sind überall, die Menschen in ihren Häusern.

Das Spielzeug im Korb, die saftigen Erdbeeren, die bald zur Marmelade werden, liegen im Kühlschrank.

Jede Sache ist an einem Ort. Aber wo ist der, der alles erschuf? Wo ist Allah?

„Papa, ich muss dich etwas fragen. Eine schwierige Frage!“, setzte Meryem an.

„Dann mal los!“, ging ihr Vater darauf ein.

„Also, wenn jede Sache an einem Ort ist, wo ist dann Allah?“

„Oh, das nenne ich eine schwierige Frage.“

„Ja, nicht wahr?“

„Auf jeden Fall! Komm, setzen wir uns auf die Couch und sehen uns dein Bild an. Vielleicht kommen wir gemeinsam auf eine gute Antwort.“

„Okay.“

Meryem und ihr Vater sahen sich eine Weile das Bild an.

Meryem hatte Bäume, einen Bach, viele Blumen, einen blauen Himmel, fliegende Vögel und weiße Wolken gezeichnet. Ein kleines Häuschen und ein Kind, das einen Drachen fliegen ließ – oder zumindest versuchte.

„Kann ich dich etwas fragen, Meryem?“

„Hat es mit dem Bild zu tun?“

„Joa, schon. Kannst du mir sagen, wo im Bild du bist?“

„Ähm, da, ich lasse ja den Drachen fliegen.“

„Nein, nein. Das meine ich nicht. Ich meine, du als Meryem. Wo bist du im Bild?“

„Verstehe ich nicht. Wie meinst du das?“

„Du hast doch das Bild gezeichnet.“

„Ja.“

„Und dein Bild hängt hier vor uns an der Wand. Wo im Bild bist du?“

„Ich bin hier. Neben dir.“

„Warum?“

„Ich habe das Bild gemalt. Aber ich bin doch kein Bild!“

„Du hast den blauen Himmel, die Wolken, die Vögel, den Bach, die Bäume, den Drachen und das Kind gemalt, oder?“

„Ja, ich habe alles selbst gemalt. Und niemand hat mir dabei geholfen."

„Genau, du hast alles gemalt, aber bist selbst nicht in dem Bild. Du bist die Künstlerin, die Malerin deines Bildes. Du bist etwas ganz anderes als das Bild."

„Das bin ich, oder, Papa? Ich bin eine Malerin, und das ist ein Bild, das ich gemalt habe."

„Genau! Und so wie du und dein Bild vollkommen verschieden sind, so ist auch Allah und alles, was er erschuf, vollkommen verschieden. So wie du nicht in dem Bild bist, so ist auch Allah nicht in dem, was er erschaffen hat."

Es war nicht so leicht zu verstehen, was Meryems Vater erzählte. Vor allem nicht für ein Kind in ihrem Alter. Ein bisschen hatte aber Meryem schon verstanden, worauf ihr Vater hinauswollte.

Eine Sache war entweder oben oder unten, entweder draußen oder drinnen, entweder über oder unter etwas.

Aber Allah war nirgendwo. Denn er hat all diese Orte erschaffen.

Allah hat den Himmel, die Sterne, die weit entfernten Planeten, die Meere, die Berge, die Wälder und Wüsten erschaffen. Er hat den Nordpol und den Südpol und alles erschaffen, was uns so in den Sinn kommen könnte.

Es gab eine Zeit, in der es all diese Dinge noch nicht gab. Aber Allah gab es schon immer. Also muss Allah nicht an einem Ort sein.

Ein Maler kann nicht in seinem Bild sein, und Allah muss nicht an einem der Orte sein, die er erschaffen hat.

Allah ist weder im Himmel noch bei den Sternen oder in der Ferne.

Hmm … Wenn Allah an keinem Ort ist, den er erschaffen hat, wo ist er dann?

Nirgendwo!

Denn Allah muss nicht an einem Ort sein.

Da sich jede Sache an einem Ort befindet, und weil Menschen zum Beispiel auch immer an einem Ort sind, können sie nie ganz verstehen, wie es ist, an keinem Ort zu sein.

Meryem hatte das nicht ganz verstanden.

Aber sie hatte verstanden, dass Allah nicht hier oder da, oben oder unten oder ganz weit weg ist.

„Wenn Allah an keinem Ort ist", dachte Meryem laut nach, „wie erschafft er dann alles? Wie sieht und hört er uns?"

„Er ist an keinem Ort, aber gleichzeitig überall", sagte ihr Vater bestimmt.

„Wie? Du hast eben gesagt, dass er an keinem Ort ist? Jetzt sagst du, dass er überall ist."

„Warte einen Augenblick. Ich denke nach, wie ich dir das am besten erklären kann", sagte ihr Vater.

„Ja, aber ja! Ha! Ich hab's!"

„Was denn, Papa?"

„Ein fantastisches Beispiel!"

„Ein fantastisches Ballspiel?!"

„Nein, nein, ein Beispiel. Ich habe ein Beispiel gefunden, um es dir besser erklären zu können."

„Ah, okay."

„Wo ist die Sonne, Meryem?"

„Im All."

„Wo ist ihr Licht?"

„Ihr Licht? Das Sonnenlicht also?"

„Genau, wo ist das Sonnenlicht?"

„Überall!"

„Wenn die Sonne aufgeht, erhellt sie alles.

Ihr Licht dringt durch die Fenster in alle Häuser hinein. Der gesamte Himmel wird hell. Und alle Augen sehen durch das Licht der Sonne.

Bäche glitzern silbern, wenn das Sonnenlicht draufstrahlt.

Blumen erstrahlen in allen Farben. In der Sonne ist ihre Farbe viel heller.

Es ist, als würde in jedem Tropfen Wasser, in jedem Stück Glas eine strahlende Sonne sein.

Dabei gibt es nur eine Sonne. Und diese eine Sonne ist sehr weit entfernt von der Erde“, erklärte er.

„Meinst du“, fragte er weiter, „dass die Sonne hier sein muss, um unsere Wohnung zu erhellen?“

„Nein“, antwortete Meryem. „Sie würde hier gar nicht reinpassen.“

„Und wie wird es in unserer Wohnung hell, obwohl die Sonne nicht hier ist?“

„Ihr Licht ist hier.“

„Genauso ist es, Meryem. Allah ist an keinem Ort, aber seine Liebe und Barmherzigkeit, seine unendliche Kraft und Macht sind wie die Sonne, immer bei und um uns herum."

Allah ist an keinem Ort, weil er an keinem Ort sein muss.

Alles wurde von Allah erschaffen. Dass sich jede einzelne Sache an einem Ort befinden muss, ist nur für die erschaffenen Dinge notwendig.

Allah ist nicht bei den Sternen, aber alle Sterne leuchten mit seiner Erlaubnis. Nachts können wir dieses Leuchten sehen. Tagsüber nicht.

Allah ist nicht bei der Sonne. Aber die Sonne scheint für uns – mit seiner Erlaubnis.

Er lässt sie für uns scheinen und die Welt erhellen.

Allah ist nicht beim Mond. Aber auch er leuchtet für uns wie eine Nachtlampe – mit seiner Erlaubnis.

Allah ist nicht im Himmel. Aber sämtliche Wolken bewegen sich, Regentropfen fallen auf die Erde, keine Schneeflocke ist wie eine andere – und das alles mit seiner Erlaubnis.

Allah ist nicht in Gärten und Wäldern. Aber sämtliche Blumen blühen, weil er das möglich macht. Er färbt sie und gibt ihnen verschiedene Düfte. Der Frühling kommt auf seinen Befehl hin. Pfirsichbäume erblühen, süße Birnen, saftige Kirschen, wohlduftende Äpfel reifen ganz allein auf seinen Befehl hin, nur mit seiner Erlaubnis.

Allah ist an keinem Ort, denn er hat jeden Ort erschaffen. Er hat alles aus dem Nichts erschaffen. Es gab ihn bereits, noch bevor es all diese Orte gab. Er muss an keinem Ort sein.

Gleichzeitig ist er überall. Er knipst das Licht der Sterne an, färbt die Blumen, gibt den Obstsorten Geschmack, und den Vögeln gibt er Flügel. Er sieht und beobachtet alle seine Geschöpfe. Die kleinen Ameisen, alle Kinder, jedes Geschöpf sieht er also, und er hört auch das Bittgebet jedes Betenden."

Immer wenn Meryem eine Frage hatte, hatte ihr Papa auch eine Antwort. Er erzählte und erzählte, ohne dabei müde zu werden.

Und an dem Tag, an dem Meryem gefragt hatte „Wo ist Allah?", hatte er ihr eine tolle Antwort gegeben. Fragen ist eine echt nützliche Sache. Schaut mal, was man alles lernen kann, wenn man Fragen stellt.

„Ich muss nach einer neuen Frage suchen!", dachte sich Meryem.

„Wenn ich eine neue Frage finde, finde ich auch neue Antworten."

„Richtig! Sehr gut, Meryem!", bestärkte ihr Vater sie dabei.

Wie groß ist Allah?

In letzter Zeit war Meryem etwas bedrückt. Das ging nicht von ihr aus. Eigentlich waren es ihre Eltern, die bedrückt waren. Und das seit fast einer Woche.

Meryem war traurig, weil ihre Eltern traurig waren.

Dazu kam noch, dass sie überhaupt nicht wusste, warum es ihren Eltern schlecht ging. Meryem vermutete nur, dass es ein Problem gab. In dieser Zeit sagten ihre Eltern ständig einander, dass Allah groß ist.

Wenn Meryem sie nicht hören sollte, flüsterten sie miteinander. Dann sagten sie: „Allah ist groß." Meryem konnte nicht verstehen, was sie sagten. Anscheinend sollte sie es auch nicht hören. Hätte sie es hören sollen, würden ihre Eltern ja nicht flüstern.

„Allah ist groß", sagte ihr Papa. Dann flüsterten sie wieder etwas.

„Wenn sie so oft ‚Allah ist groß' sagen, müssen sie ein wirklich großes Problem haben", dachte sich Meryem. „Und da sie so oft ‚Allah ist groß' sagen, muss Allah echt ganz schön groß sein.

Was auch immer Mama und Papa so betrübt, auf jeden Fall muss Allah größer sein als diese Sache."

Meryem wusste nicht, worum es ging. Aber es machte sie traurig, ihre Eltern so zu sehen.

„Ach, Mann! Wie lange soll das Ganze denn noch dauern?“, schnaubte Meryem. Das gefiel ihr gar nicht, ihre Eltern den ganzen Tag so nachdenklich zu sehen.

Außerdem war ihr eine neue Frage eingefallen.

Hätten ihre Eltern nicht so oft „Allah ist groß“, gesagt, wäre Meryem diese Frage vielleicht gar nicht eingefallen.

Richtig! Die Frage war, wie groß Allah ist. Das ist eine echt große Frage.

„Ich weiß, dass Allah groß ist. Und zwar echt richtig groß. Aber wie groß genau?“, fragte sich Meryem.

Wie immer wollte sie aus ihrem Zimmer rennen und „Papaaa, ich habe eine Frage!“ rufen. Aber Moment!

Vielleicht war es gerade keine so gute Idee! Immerhin ging es ihrem Papa schlecht.

Aber er hatte gesagt, dass sie ihre Fragen jederzeit stellen kann.

„Wenn ich schon eine Frage habe, sollte ich sie auch stellen“, sagte sich Meryem.

„Papa, Papilein, Papsiiii!“

„Was ist los, Meryem? Warum schreist du so?“

„Ähm, nichts.“

Sie hatte das Gefühl, dass es doch keine gute Idee war, ihren schlecht gelaunten Vater etwas zu fragen.

„Komm schon, Meryem. Wenn nichts wäre, hättest du nicht so nach mir gerufen.“

„Es war was. Aber jetzt ist's vorbei.“

„Vorbei?“

„Genau.“

„Was war es denn? Eine Frage etwa?“

„Ja, eine Frage…“

„Und wie kann sie jetzt so schnell wieder weg sein?“

„Ist eben so. Ich werde sie nicht stellen. Du bist bedrückt.“

„Schau mal, mein Schatz. Ich bin schlecht gelaunt, aber das hat überhaupt nichts mit dir zu tun. Deswegen solltest du deine Frage in jedem Fall stellen. Außerdem erledigen sich Fragen nicht so schnell.“

„Meine schon.“

„Eine Frage erledigt sich nur, wenn sie beantwortet wird. Komm, setz dich. Vielleicht kann ich mein Problem für eine Weile vergessen, wenn ich mit dir spreche.“

„Na gut.“

„Was möchte meine kleine Tochter denn wissen?“

„Also, Papa. Allah ist ja sehr groß, oder?“

„Definitiv."

„Aber wie groß ist er denn?"

Immer wenn Meryem eine Frage stellte, hielt ihr Vater kurz inne, sah in ihre Augen und lächelte.

Es erfreute ihn so sehr, dass Meryem mehr über Allah wissen wollte.

„Alle Kinder möchten etwas über Allah wissen", sagte er immer. „Und Eltern sollten viel und gerne über ihn erzählen, sodass Kinder Allah kennen und lieben lernen."

Es wirkte, als hätte er sein Problem tatsächlich etwas vergessen.

„Meryem, kann ich dich etwas fragen?"

„Natürlich", sagte sie, „aber es soll nicht so schwer sein."

„Erzähl mir mal: Was ist für dich GROß?"

„Was groß ist?" Meryem war verwundert. Jeder weiß doch, was groß ist.

„Groß ist halt riesig!"

„Ich gebe dir ja immer Beispiele, damit du etwas besser verstehen kannst. Kannst du mir auch ein Beispiel geben?“

„Okay“, willigte Meryem ein. „Zum Beispiel bist du größer als ich.“

„Und du bist größer als Yusuf.“ Yusuf ist der kleine Sohn der besten Freunde von Meryems Eltern. Er ist noch nicht mal zwei Jahre alt.

Zwar ist Yusuf ein bisschen pummelig, aber trotzdem ist Meryem größer als er.

„Also bin ich dann auch groß?“, fragte Meryem. „Und gleichzeitig klein“, sagte ihr Vater.

„Ach, Papa, du bringst mich wieder durcheinander. Bin ich jetzt groß oder klein?“

„Im Vergleich zu Yusuf bist du groß. Im Vergleich zu mir bist du klein“, lachte er.

„Das würde Yusuf bestimmt gar nicht gefallen“, sagte Meryem.

„Keine Sorge, Meryem“, fuhr ihr Vater fort. „Im Vergleich zu dir bin ich groß. Im Vergleich zu deinem Opa bin ich klein. Und wenn wir uns umsehen, ist das bei allem so. Nichts ist wirklich groß, und nichts ist wirklich klein.“

„Ich finde Elefanten wirklich groß“, lenkte Meryem ein.

„Im Vergleich zu einer Feldmaus, ja. Aber im Vergleich zu einem Blauwal ist ein Elefant klein“, entgegnete ihr Vater.

Und Blauwale sind echt groß. Aber das Meer ist viel größer.

Und das Meer ist wirklich groß und weit, aber die Welt ist viel größer.

Die Welt ist größer als alles auf ihr. Aber die Sonne ist um ein Vielfaches größer.

Im Universum gibt es Sterne, die viel größer sind als die Sonne.

Und diese Sterne waren wiederum kleiner als andere Sterne.

Nichts ist wirklich groß.

„Dann ist nichts wirklich groß“, stellte Meryem fest.

„Richtig“, sagte ihr Vater. „Nichts, was Allah erschaffen hat, ist einfach nur groß.“

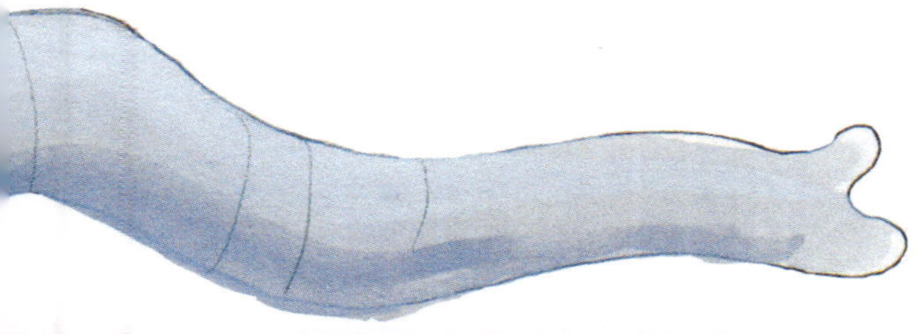

Alles steht im Vergleich zueinander. Eine Sache ist im Vergleich zu einer anderen Sache groß oder eben klein.

„Und Allah?“

„Allah ist groß – einfach groß“, sagte ihr Vater.

Allah ist nicht nur größer als alle Berge, Meere, größer als die Erde, die Sonne, die Sterne, die gesamte Milchstraße, sondern er ist größer als alles andere.

„Dann ist alles kleiner als Allah, oder?“, stellte Meryem sicherheitshalber fest.

„Definitiv, genau! Und Allahs Größe ist nicht eine Größe, die wir kennen.“

„Sondern?“

„Vielleicht kann ich dir das mit diesem Beispiel erklären: Was denkst du, warum ein Elefant größer ist als eine Ameise?

„Das ist eine einfache Frage! Elefanten sind größer als Ameisen, weil sie schwerer sind und höher und so."

„Okay, du kennst ja den Propheten Muhammad."

„Natürlich!"

„Meinst du, dass der Prophet ein großer Mensch war?"

„Ja."

„Was an ihm war groß? Seine Hände? Seine Beine? Sein Kopf?

Meinst du, er war ein Riese? Meinst du, dass sein Kopf die Wolken berührte, wenn er stand?"

Meryem musste lachen.

„Aber Papa, Riesen gibt's doch nur in Geschichten und Märchen."

„Richtig! Und was meinst du, warum wir über unseren Propheten Muhammad sagen, dass er ein großer Mensch gewesen ist?

„Keine Ahnung."

„Ich sag's dir", antwortete der Vater. „Er war ein großer Mensch, weil er große Dinge bewirkt hat. Deswegen sagen wir, dass er groß war."

„Ah, ich verstehe", rief Meryem. „Und auch nicht", sagte sie dazu.

„Also", fuhr ihr Vater fort. „Größe heißt nicht nur Höhe, Gewicht oder ein Riese zu sein. Elefanten sind groß, Berge sind groß, die Erde, die Sonne und eben auch unser Prophet Muhammad. Aber die Größe des Propheten ist eben eine andere Größe als die von Elefanten, Bergen, der Erde und Sonne. Was den Propheten groß machte, waren seine Taten. Er hat Herzen gewonnen, Menschenleben verändert, zum Guten aufgerufen, Unrecht beseitigt. Und groß sein, ist eben auch so etwas."

Es gibt große Künstler. Man nennt sie große Künstler, weil sie so gut in dem sind, was sie machen. Große Wissenschaftler nennt man so, weil sie sich mit großen Dingen beschäftigen, große Dinge erforschen.

Und einen Sportler nennt man groß, weil er so gut laufen, spurten, springen, werfen oder sonst was kann. Es gibt große Schriftsteller, große Dichter und Denker, die tolle Werke geschrieben haben. Und so können wir Allahs Größe beschreiben.

Er ist groß, weil er alles aus dem Nichts erschaffen hat.

Er hat die kleinen Ameisen und die großen Elefanten erschaffen.

Er lässt es regnen, lässt verschiedene Blumen aus der Erde und verschiedene Obstsorten auf Bäumen wachsen.

Er ist groß, weil er fliegende Vögel, schwimmende Fische, laufende Rehe und süße Babys erschafft.

Er ist groß, weil die Erde mit seiner Erlaubnis um die Sonne kreist. Er erschafft den Frühling, den Sommer, den Herbst und den Winter – und lässt dann noch mal alles von vorn beginnen.

Er schmückt die Nacht mit Mond und Sternen und erhellt den Tag mit der Sonne.

Er hat uns alle verschieden erschaffen.

Mit seiner Erlaubnis können unsere Augen sehen, unsere Ohren können hören, unsere Nase kann riechen, und unsere Zunge kann schmecken. Deshalb ist Allah groß.

Alles, was wir sehen können, zeigt uns die Größe Allahs.

Dass Vögel fliegen, Menschen gehen, Tiger laufen, Bäume wachsen, Fische schwimmen, Blumen blühen, Winde wehen, Sterne scheinen, Babys lächeln, Mütter lieben, Kinder sprechen und so weiter. Das sind alles Dinge, die einzig

und allein Allah machen kann“, sagte Meryems Vater. „Verstehst du, Meryem?“, fragte er noch hinterher.

„Das verstehe ich sehr gut!“, antwortete Meryem zufrieden. Da ertönte auch schon der Azan, der Gebetsruf.

„Allahu akbar! Allahu akbar!“

„Weißt du, was ‚Allahu akbar‘ bedeutet?“, fragte ihr Vater.

„Ich glaube nicht“, gab Meryem zu.

„Es bedeutet: ‚Allah ist der Größte.‘“ Dann wiederholte er: „Allah ist der Größte.“

Wem oder was ähnelt Allah?

In Meryems Familie wurde nicht geschrien und nicht gestritten. Nur wenn Meryem sich weigerte, gesundes Gemüse wie Spinat oder grüne Bohnen zu essen, konnte ihre Mama schon mal lauter werden.

Da Meryems Eltern sich immer bemühten, respektvoll miteinander umzugehen, stritten sie sich nie. Und schreien taten sie sowieso nicht.

Nur, wenn es darum ging, wem Meryem ähnlicher war, entstand ein lustiges Chaos.

„Also, Meryems Hände ähneln definitiv meinen Händen", sagte ihre Mama immer. Sie war sich ganz sicher, dass Meryems Hände eine regelrechte Kopie ihrer Hände waren.

Ihr Vater konterte: „Okay, ihre Hände hat sie von dir, aber was ist mit ihren Füßen? Die hat sie definitiv von mir!"

Ihre Mama scherzte dann mit: „Aha. Schatz, hast du nicht Schuhgröße 45 oder so?"

Meryems Papa hatte wirklich große Füße. Und wie ihre Hände ähnelten auch ihre Füße denen ihrer Mama.

Nachdenklich blickte Meryems Vater auf seine Füße. Dabei sah er aus, als würde er sie zum ersten Mal sehen. Statt ihn zu trösten, legte Meryems Mutter noch einen drauf: „Nicht traurig sein, Schatzi. Meryem hat ihre Füße zwar nicht von dir, aber du hast deine auf jeden Fall von deinem Vater! Das ist Genetik."

In diese lustige Diskussion wollte auch Meryem einsteigen.

„Papa, was ist Genetik?“, Meryem ging dazwischen.

„Frag mal deine Mama. Das ist ihre Behauptung gewesen.“

„Mama, was ist Genetik?“

„Wieso siehst du nicht in einem Wörterbuch nach?“

„Äh, in einem Wörterbuch? Ich kann doch noch nicht lesen und schreiben.“

„Eine fantastische Antwort! Siehst du! Vielleicht hat sie nicht meine Hände und Füße, aber ganz bestimmt meinen Verstand!“

Und so ging es weiter. Die größte Diskussion entfachte immer die Frage, wem Meryem am meisten ähnelte.

So plötzlich wie die Diskussion begonnen hatte, endete sie auch, als Meryems Mama frisch gemachtes Popcorn ins Wohnzimmer brachte.

Denn alle drei liebten Popcorn.

Und da die drei sich beim Thema Popcorn so einig waren, gab es auch keinen Grund mehr, zu diskutieren.

Aus der riesigen Schüssel nahm sich Meryem ein Stück Popcorn. „Das hier sieht aus wie ein Gänseblümchen!“, rief sie.

Tatsächlich sah ihr Popcornstück aus wie ein Gänseblümchen.

Das Stück Popcorn, das ihr Vater nahm, sah aus wie eine Wolke.

Eigentlich sahen alle Popcornstücke irgendwie wie Wolken oder Gänseblümchen aus.

Da fand ihre Mama ein Stück Popcorn, das aussah wie ein Menschengesicht.

„Guckt mal, das hier sieht aus wie ein Gesicht!“

„Ich möchte auch eins finden, das wie ein Gesicht aussieht!“, rief Meryem, während sie suchend ihre Hand in die große Schüssel steckte.

Sie fand eins, das wie Weißkohl aussah, eins, das wie eine Ente aussah oder wie ein Eichhörnchen. Aber Popcorn, das einem Menschengesicht ähnelte, fand sie nicht.

„Viel Spaß euch beiden!“, sagte Meryems Mama beim Aufstehen. „Ich habe noch etwas zu tun.“

„Das denke ich auch!“, scherzte der Vater.

Inzwischen hatte Meryem keine Lust mehr, weiterzusuchen. Sie fand einfach keins, das wie ein Gesicht aussah. Während sie sich weiter Popcorn in den Mund schaufelte, sagte sie nebenbei: „Und das hier sieht aus wie eine Kartoffel!“

„Du solltest auch ein Stück Popcorn suchen, das wie ein Stück Popcorn aussieht. Sobald du es gefunden hast, sofort rein damit“, entgegnete ihr Vater und deutete dabei auf seinen Mund. Dann nahm er sich selbst eine Handvoll und sagte: „Ich finde, die alle hier sehen total aus wie Popcorn!“, während er sie genüsslich kaute.

„Am meisten ähnelt eine Sache sich selbst, stimmt's, Papa? Bäume sehen aus wie Bäume. Vögel wie Vögel. Popcorn wie Popcorn", sprach Meryem weiter.

„So ist es", antwortete ihr Vater.

„Und ähm…", begann sie. „Also…"

„Also, was?", sprang ihr Vater ein. „Ist dir etwa eine Frage eingefallen?"

„Ja, ich habe eine Frage. Aber ich weiß nicht, ob es richtig ist, sie zu stellen."

„Warum? Du fragst doch sonst immer, was dir einfällt? Warum fällt es dir jetzt schwer?"

„Es ist halt eine doofe Frage."

„Eine doofe Frage? Es gibt keine doofen Fragen. Aber doofe Antworten gibt es manchmal."

„Also darf ich sie stellen?"

„Natürlich! Wenn sie dir durch den Kopf geht, solltest du sie stellen! Allah würde in niemandem eine Frage aufkommen lassen, die keine Antwort hat. Vor allem nicht bei Kindern."

„Also gut! In meiner Frage geht es auch um Allah."

„Das habe ich mir gedacht!"

Woher wusste ihr Papa, worum es ging?

Hm, wahrscheinlich, weil es in ihren Fragen in letzter Zeit immer um Allah ging.

„Anscheinend ist es eine schwierige Frage."

„Sehr schwierig!"

„Dann schieß mal los!"

„Okay, also, wenn Bäume wie Bäume, Fische wie Fische, Wolken wie Wolken, Eichhörnchen wie Eichhörnchen, Äpfel wie Äpfel und Popcornstücke wie Popcorn aussehen, dann … Also, alles sieht ja aus wie etwas."

„Uuund?"

„Wem oder was ähnelt Allah? Das möchte ich gerne wissen."

„Oh! Das ist tatsächlich eine schwierige Frage!"

Das Popcorn war längst alle. Neugierig schaute Meryem ihrem Vater ins Gesicht.

Wem oder was ähnelt Allah wohl?

Gleicht er einer Wolke? Der Sonne? Oder einem Stern? Meryem hatte schon länger darüber nachgedacht, aber eine Antwort hatte sie nicht gefunden.

Hatte ihr Vater wohl eine Antwort?

Und wenn ja, was für eine?

„Weißt du, Meryem“, begann ihr Vater. „Manchmal ist es sehr schwer, die richtige Antwort zu finden.“

„Was macht man dann?“, fragte Meryem.

Da sagte ihr Vater etwas sehr Überraschendes:

„Man sucht falsche Antworten!“ Er pausierte kurz. „Du hast richtig gehört! Man sucht nach falschen Antworten.“

Wie soll man durch falsche Antworten auf die richtige Antwort kommen? Vielleicht zeigt sich zwischen den ganzen falschen Antworten die richtige Antwort einfach von allein.

„Um herauszufinden, wem oder was Allah ähnelt, fragen wir uns jetzt erst einmal, wem oder was er eben nicht ähnelt. Wir suchen also erst einmal nach falschen Antworten. Sobald wir alle falschen Antworten zusammenhaben, kommen wir von ganz allein auf die richtige Antwort.“

„Hmm…“, dachte Meryem laut. Das bedeutete so viel wie: „Verstehe ich nicht.“

Meryem war verwirrt. Um es ihr etwas verständlicher zu machen, hatte ihr Papa aber immer ein Beispiel parat.

„Ich gebe dir ein Beispiel“, begann ihr Papa. „Es gibt zwei Möglichkeiten, ein Stück Popcorn zu finden, das zum Beispiel einer Ente ähnelt: Entweder siehst du direkt eines, das wie eine Ente aussieht, und nimmst es. Doch das ist nicht immer der Fall. Die zweite Möglichkeit besteht darin, dutzende oder sogar hunderte Popcornstücke zu durchsuchen und jedes einzelne daraufhin zu betrachten, ob es einer Ente ähnelt. Legst du alle Stücke beiseite, die nicht wie eine Ente aussehen, bleibt am Ende nur noch das übrig, das wie eine Ente aussieht. Manchmal muss man alles, was man nicht sucht, beiseitelegen, um das zu finden, was man sucht.

Und, hast du jetzt verstanden, Meryem?“

„Ja, jetzt habe ich etwas mehr verstanden.“

Jetzt war Meryems Geduld gefragt. Sobald sie die falschen Antworten gefunden und beiseitegelegt hatte, würde sie ihren Vater besser verstehen.

Dann würde sie die Antwort klar und deutlich vor sich sehen, wie eine Mohnblume inmitten eines Weizenfeldes.

„Los geht's, Meryem!“, forderte ihr Papa sie auf. „Jetzt sag mir mal eine Sache, die Allah nicht ähnelt.“

Sie dachte nach. Ihr ging so vieles durch den Kopf. Was davon sollte sie als Erstes sagen? „Ich hab's!“, rief sie. „Allah ähnelt nicht den Menschen!“

„Bist du sicher?“, fragte ihr Vater.

„Klar bin ich sicher“, antwortete Meryem schnell zurück.

Natürlich ähnelt Allah nicht den Menschen. Er hat doch alle Menschen erschaffen. Allah gab es, noch bevor es Menschen gab.

Allah gab es schon immer. Aber Menschen wurden erst später erschaffen. Davor gab es keine Menschen. Einfach, weil Allah sie noch nicht erschaffen hatte.

Allah gleicht nicht den Menschen. Er ist nicht geboren, hat keine Eltern und auch keine Kinder.

Er sieht alles, noch bevor es überhaupt ein Auge erblicken kann. Denn Allah braucht keine Augen, um zu sehen.

Er hört alles, bevor es überhaupt ein Ohr erreicht. Allah braucht keine Ohren, um hören zu können.

Vögel, Fische, Elefanten, Rehe, Ameisen, und Menschen sind es, die Augen brauchen, um sehen zu können, und Ohren, um hören zu können.

Und Allah ist eben der, der all diese Tiere erschaffen hat.

„Komm, nenne mir noch eine Sache, die Allah nicht ähnelt!“, forderte ihr Vater sie auf.

„Allah…“, dachte Meryem laut nach. „Den Wolken ähnelt er nicht.“

„Sicher?“

„Sicher!“

„Und warum bist du dir so sicher?“

„Weil Wolken nach einer Weile verschwinden.“

Als Meryem noch kleiner war, hatte sie lange den Himmel betrachtet. Sie sah sich die riesigen Wolken an und fragte sich: „Ist diese große Wolke wohl Allah?“

Dann kam sie aber zum Schluss, dass Allah bestimmt keine Wolke ist und auch niemals einer Wolke ähnelt. Denn Wolken verschwinden. Allah kann ja nicht etwas sein, was mal sichtbar, mal unsichtbar ist oder größer und kleiner wird. Nein, auf keinen Fall.

Weder sind Wolken wie Allah, noch ist Allah wie eine Wolke.

„Sehr gut, Meryem“, jubelte ihr Vater ihr zu. „Nenne mir noch ein Beispiel!“

„Ähm… Allah…“, ihr fiel gerade nichts ein. Sie überlegte: „Soll ich dieses oder jenes Beispiel nennen?“

Und forderte dann ihren Vater auf: „Papa, jetzt nenn du eins!“

„Okay!“, antwortete er ihr. „Allah ähnelt der Sonne nicht.“

„Der Sonne?“, fragte Meryem. „Das wäre mir jetzt nicht eingefallen. Ähnelt Allah der Sonne wirklich nicht?“

Die Sonne wärmt und erhellt den gesamten Planeten. Jeder, der zum Himmel schaut, sieht die Sonne. Warum also ähnelt Allah nicht einmal der Sonne?

Denn die Sonne ist ein Stern. Und im Universum gibt es Tausende und Millionen von Sternen. Allah aber ist einzig. Die Sonne ist wie die Lampe der Erde. Sie ist nur ein Ball, der unsere Tage erhellt.

Abends beim Untergehen färbt sich die gelbe Sonne orange. Sie geht dann hinter dem Horizont unter.

Nein, nein! Weder ähnelt die Sonne Allah, noch ähnelt Allah der Sonne.

Meryem und ihr Papa zählten noch einige andere Beispiele auf.

Hohe Berge, tiefe Ozeane, die tiefe Dunkelheit der Nacht, die glitzernde Milchstraße.

Allah ist der, der all das erschaffen hat.

„Wir haben fast alles aufgezählt, was Allah nicht ähnlich ist", sagte Meryem.

„Richtig", antwortete ihr Vater. „Wir haben alles aufgezählt, was uns eingefallen ist. Das waren alles falsche Antworten. Wenn wir so viele falsche Antworten beiseitelegen können, müsste es leicht sein, die richtige Antwort zu finden."

„Hm, ich komme aber nicht drauf", sagte Meryem etwas ungeduldig. „Ich weiß immer noch nicht, wem oder was er ähnelt."

„Allah ähnelt Menschen nicht, Wolken nicht, der Sonne nicht, den Sternen nicht. Und auch sonst ähnelt er nichts und niemandem", sagte der Vater.

Dann fuhr er fort: „Denn der Schöpfer ähnelt seinen Geschöpfen nicht. Alle Beispiele, über die wir gesprochen haben, hat Allah erschaffen. Es gab eine Zeit, in der nichts von alledem war, aber Allah gab es schon immer."

„Also ähnelt Allah nichts und niemandem?", fragte Meryem sicherheitshalber noch mal nach.

„Nichts und niemandem", bestätigte ihr Vater. „Nichts, was wir mit bloßem Auge sehen, mit unserem Verstand denken können. Nichts, wovon wir träumen oder was wir uns vorstellen können. Er ähnelt einfach nichts und niemandem. Er ist Allah. Nichts und niemand gleicht ihm. Er allein erschafft alles, von den Ameisen bis zu den Sternen, einfach alles. Wer Allah kennenlernen möchte, sollte sich ansehen, was er alles erschaffen hat.

Schmetterlingsflügel zeigen uns seine unvergleichliche Kunst. Der Geschmack von Granatäpfeln, Feigen und Trauben zeigt uns, wie sehr er uns liebt. Der Himmel zeigt uns seine Größe und die Sterne sowie die Milchstraße seine grenzenlose Macht."

Meryem hatte verstanden. Vielleicht würde sie es in Zukunft noch besser verstehen. Aber für den jetzigen Augenblick genügte es ihr.

„Allah", murmelte sie in sich hinein. „Er gleicht nichts und niemandem. Und nichts und niemand ähnelt Allah."

In den nächsten Tagen sollte Meryems Papa auf Geschäftsreise gehen. Zum ersten Mal würde Meryem lange von ihm getrennt sein.

„Was machst du in der Zeit, in der ich weg bin?", fragte er sie neugierig.

„Fragen sammeln!", hatte Meryem schon geplant. „Und was wirst du machen?"

„Ich werde versuchen, Antworten für dich zu sammeln", lächelte er.

Wer hat Allah erschaffen?

Meryem konnte alle Fragen stellen, die ihr in den Sinn kamen. Denn ihr Papa hatte gesagt, sie sollte unbedingt fragen, wenn ihr was einfällt.

Jede Frage hat eine Antwort. Nur ungestellte Fragen haben keine! Aber sobald man fragt, lassen sich Antworten finden.

„Ungestellte Fragen?"

Kann es etwas wie ungestellte Fragen geben? Fragen, die nicht gestellt werden? Vielleicht für andere. Aber nicht für Meryem!

Für Meryem sind Fragen wichtig. Fragen stellen – das ist die einfachste Möglichkeit, etwas Neues zu lernen.

„Stellst du eine Frage“, sagte ihr Papa immer, „bekommst du auch eine Antwort! Stellst du eine gute Frage, bekommst du eine gute Antwort. Stellst du eine bedeutungsvolle Frage, bekommst du eine bedeutungsvolle Antwort.“

„Und wenn ich eine sehr schwere Frage stelle?“, fragte Meryem.

„Wie schwer denn?“

„Sehr. So richtig, richtig schwer.“

Meryems Papa musste lachen. „Dann antworte ich dir, dass ich es nicht weiß.“

„Wie?“ Meryem war verblüfft. Sie dachte, dass er die Antwort auf sämtliche Fragen kannte.

„Aber Papas wissen doch alles!“

„Niemand weiß alles. Aber wenn man genug nachforscht, kann man vieles herausfinden.“

Es war ein strahlend sonniger Sonntag. Nach einem leckeren Frühstück ging Meryem auf ihren Papa zu. „Darf ich dich etwas fragen?"

„Das hast du ja jetzt."

„Nein, noch nicht."

„Du hast doch ‚Darf ich etwas fragen?' gefragt", schmunzelte er. „Natürlich kannst du noch eine Frage stellen. Heute ist Sonntag. Ich habe den ganzen Tag Zeit für dich."

Meryem hatte den Witz ihres Papas verstanden. Jetzt musste auch sie schmunzeln. „Aber das war doch gar nicht meine Frage."

Dann stellte sie ihre Frage:

„Allah hat alles erschaffen, richtig?"

„Ist das deine Frage, Meryem?"

„Nein, nein. Aber du musst zuerst darauf antworten."

„Natürlich hat Allah alles erschaffen. Das haben wir ja schon oft besprochen."

„Hat er die Äpfel, Birnen, Kirschen und alle anderen Obstsorten erschaffen?"

„Wer sonst, mein Schatz?"

„Die Vögel, die Insekten und alle anderen Tiere?"

„Hmm, worauf läuft das gerade hinaus?", fragte Meryems Papa.

Warum fragte sie jetzt Dinge, die sie schon zahlreiche Male besprochen hatten?

„Na los, Papa! Hat Allah alle Tiere erschaffen?"

„Sicher hat er alle Tiere erschaffen, Meryem. Niemand kann Tiere erschaffen außer ihm. Nicht einmal eine Fliege. Nicht einmal den Flügel einer Fliege."

„Und die Sonne, den Mond, die Sterne und Planeten? Hat die auch Allah erschaffen? Also alles, was außerhalb der Erde liegt?"

„Allah hat nicht nur die Erde erschaffen. Er hat das gesamte Universum erschaffen. Alles, was wir mit bloßem Auge sehen können, und auch alles, was wir nicht sehen können. Einfach alles. Außer Allah kann niemand etwas erschaffen."

„Dann hat er auch die Menschen erschaffen, oder?"

„Natürlich, Meryem. Wir sind die Geschöpfe Allahs. Er ist unser Erschaffer."

Eigentlich kannte Meryem die Antwort auf diese Fragen. Allah ist der Schöpfer von allem. Niemand außer Allah kann erschaffen. Einzig und allein Allah.

In Wirklichkeit wollte Meryem auf etwas ganz anderes hinaus. Oft genug hatte sie mit ihrem Vater über diese Themen gesprochen.

Meryem fragte sich etwas völlig anderes. Und das, seitdem sie morgens aufgewacht war.

Diese Frage war eine schwere Frage. Sogar die schwerste, die Meryem jemals eingefallen war. Ob ihr Papa wohl eine Antwort darauf wusste? Oder würde er wohl sagen „Ich weiß nicht, aber ich werde nachforschen"?

„Hoffentlich antwortet er sofort", wünschte sie sich.

Denn Meryem war wahnsinnig neugierig.

„Okay, Papa“, sagte Meryem aufgeregt. „Wenn Allah die Erdbeeren, die Sterne, die Tiere, die Berge, Steine, Bäume, Menschen, Kinder, Babys und alles andere erschaffen hat, wer hat dann Allah erschaffen?“

„Ahaaa!“, tönte es aus ihrem Vater. „Jetzt verstehe ich, warum du die ganzen anderen Fragen gestellt hast. Das ist also die eigentliche, große Frage?“

„Genau!“, sagte Meryem. „Ich möchte das echt gerne wissen. Du kannst auch erst in dein Arbeitszimmer gehen und ein bisschen in deinen Büchern nachlesen.“

„Meinst du, dass das nötig ist?“

„Voll die schwere Frage, oder? Also, ich finde sie total schwer!“

„Für manche ist sie bestimmt schwer. Aber mir scheint sie nicht so.“

Meryem freute sich, ihr Papa würde ihr anscheinend eine schnelle Antwort geben.

„Dann sag!“, forderte Meryem ihn auf.

„Schau mal, Meryem!“, rief ihr Vater plötzlich. Und zeigte mit dem Finger in die Richtung, aus der ein bekanntes Geräusch kam.

„Ein Zug! Ein Zug kommt!“, rief Meryem.

„Langsam! Nicht laufen! Der Boden ist frisch gewischt. Nicht, dass ihr ausrutscht!“ Aber weder Meryem noch ihr Papa konnten die Mama hören.

Die beiden liebten es. Immer wenn sie einen Zug hörten, liefen sie zum Balkon und beobachteten den Zug mit den vielen Waggons.

„Da kommt er!“, rief Meryem.

„Das ist ein laaanger Zug. Wie viele Waggons das wohl sind?“

„Eins, zwei, drei, vier, fünf, sechs, sieben, … zwölf… Oh, Mann, ich komme gar nicht hinterher mit dem Zählen!“

„Das ist kein Zug für Menschen, Meryem. Das ist ein Güterzug. Der hat mehr als hundert Waggons.“

Der Zug kam genau zur richtigen Zeit. Denn durch den Zug fiel dem Papa direkt etwas ein, was Meryems Frage beantworten könnte.

„Meryem, sag mir mal, welcher Waggon den letzten Waggon zieht?“

„Der vor ihm zieht den letzten Waggon“, schoss Meryem ganz selbstverständlich los.

„Und welcher zieht den?“

„Wieder der vor ihm, Papa.“

„Und den?“

„Der Waggon vor ihm!“

Worauf soll die Fragerei wohl hinauslaufen?

„Alle Waggons ziehen einander. So wie bei einem Zug halt“, kommentierte Meryem.

„Aber das ist doch ein Zug! Haha“, lachte ihr Vater und fuhr fort: „Und welcher Waggon zieht den vordersten Waggon?“

„Ähm, da ist kein Waggon, der ihn zieht. Vor dem vordersten Waggon ist die Lokomotive. Also wird der vorderste von der Lokomotive gezogen.

Die Lokomotive ist der Motor."

„Das ist eine gute Antwort! Und was zieht die Lokomotive?"

„Hä?"

„Die Lokomotive. Wie bewegt sie sich? Wer oder was zieht die Lokomotive?"

Die Lokomotive wird doch nicht gezogen. Die Lokomotive zieht die Waggons hinter sich her, aber niemand zieht die Lokomotive.

„Niemand zieht die Lokomotive", sagte Meryem entschieden. „Also, die Lokomotive zieht die Waggons, aber niemand zieht die Lokomotive."

„Was wäre, wenn auch die Lokomotive gezogen werden würde?", fragte ihr Vater.

„Dann wäre es keine Lokomotive."

„Was hattest du mich eben gefragt, Meryem? Bevor wir auf den Balkon gekommen sind, meine ich."

„Hm“, machte Meryem. „Ach so! Allah hat ja alles erschaffen. Und ich habe gefragt, wer denn Allah erschaffen hat.“

„Aha! Jetzt hör mir gut zu. Was hast du auf die Frage ‚Wer zieht die Lokomotive?‘ geantwortet?“

„Niemand, habe ich gesagt.“

„Und das ist die Antwort auf deine Frage! Niemand!

Niemand hat Allah erschaffen. Denn Allah ist der Erschaffer.

Allah hat die Sterne, den Mond, die Sonne, unseren Planeten, die Berge, Meere, Flüsse, Bäume, Blumen, Obstsorten, Vögel, Insekten, Fische, Löwen, Tiger, Elefanten, alle, alle Tiere und Menschen erschaffen, die dir in den Sinn kommen. Aber niemand hat Allah erschaffen. Hätte ihn jemand erschaffen, wäre er nicht Allah.

Du hast ja selbst gesagt, die Lokomotive wäre keine Lokomotive, wenn sie jemand ziehen würde.“

„Ja, dann wäre sie ein Waggon."

„Und Allah ist es, der alles aus dem Nichts heraus erschafft. Er ist Allah. Es gibt niemanden, der ihn erschafft. Er ist Einer und Einzig.

Es gibt niemanden, der ihm ähnelt.

Verstehst du, Meryem?"

„Ja, ein bisschen."

„Ich gebe dir noch ein Beispiel."

„Okay. Aber in der Sonne wird mir gerade zu warm. Können wir reingehen?"

„Nein, nein, nicht jetzt. Mein Beispiel hat nämlich mit der Sonne zu tun."

„Okay."

„Meryem!"

„Ja?!"

„Was erhellt die Welt?“

„Die Sonne.“

„Und den Mond?“

„Auch die Sonne.“

„Und was erhellt die anderen Planeten?“

„Meinst du mit Planeten Mars und so?“

„Genau. Mars, Merkur, Jupiter und alle anderen Planeten. Wie bekommen sie Licht?“

„Auch von der Sonne.“

„Und woher nimmt die Sonne ihr Licht?“

„Aaaah, die Sonne leuchtet aus sich selbst heraus. Sie bekommt ihr Licht nicht von woanders.“

„Genau das! Unser Schöpfer erschafft alles. Aber es gibt niemanden, der ihn erschafft.“

„So wie wir wissen, wer die Lokomotive zieht und woher die Sonne ihr Licht bekommt, wissen wir auch, wer Allah erschaffen hat. Niemand."

Meryem hatte wieder einmal eine gute Frage gestellt. Und eine gute Antwort erhalten.

„Hast du verstanden, Meryem?"

„Ja, ich habe es richtig gut verstanden."

„Und was denkst du gerade?"

„Ich suche nach einer neuen Frage."

Tatsächlich gibt es auf jede Frage eine Antwort.

Nur ungefragte Fragen haben keine Antwort.

Aber sobald man die Frage stellt, kann man Antworten finden.

Ungestellte Fragen?

Ungestellte Fragen sollte es keine geben.

Vor allem nicht für Meryem.